Die Deutsche Bibliothek – CIP-Einheitsaufnahme

**Der große Augenblick:** von den Weihnachtsgaben der Schöpfung / Lene Mayer-Skumanz ; Ivan Gantschev. - Düsseldorf : Patmos, 1996
ISBN 3-491-79476-5
NE: Mayer-Skumanz, Lene; Gantschev, Ivan


2. Auflage 1996
Reproduktion: hrp, Essen
Druck und Verarbeitung: Proost N.V., Turnhout

Lene Mayer-Skumanz · Ivan Gantschev

# Der große Augenblick

## Von den Weihnachtsgaben der Schöpfung

Patmos

Als das erste Weihnachtsfest vorbereitet wurde,
vor langer, sehr langer Zeit,
da fuhr ein Jubelschrei durch Himmels- und Erdenräume.
»Gott will in einem Menschenkind geboren werden:
ein Kind als Gottesgeschenk für alle!
Was schenken wir ihm zur Geburt?«
Die Himmel alle lachten wie aus einem Mund vor Freude.
Sie machten einen Stern
und schickten ihn auf die Reise.
»Stern, du bist unsere Gabe für das Kind!«

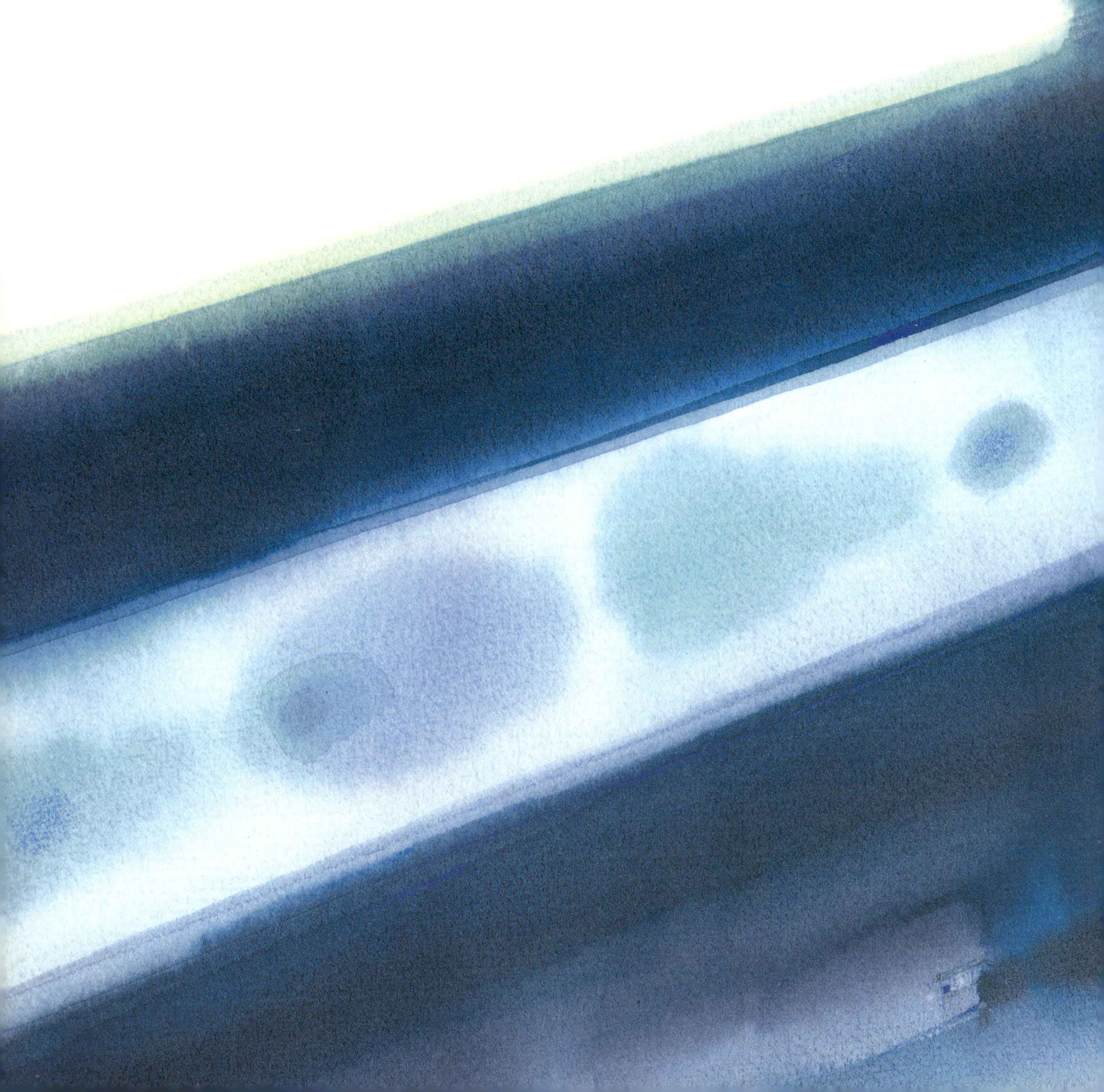

Die Engel waren schon seit Anbeginn der Welt
in das Geheimnis eingeweiht, als Gottesboten und Hüter
der himmlischen und irdischen Kräfte.
»Wie froh wir sind, das können wir
am besten mit Musik ausdrücken!
Unsere Gabe ist ein Liebeslied.«
Sie sangen:
»Ehre sei Gott in den Höhen
und Frieden den Menschen auf Erden,
weil Gott sie liebt,
weil Gott sie liebt.«

Mutter Erde nahm das Lied freudig auf.
Sie ließ es durch ihre Adern pulsen
und verströmte es bis in den letzten Grashalm.
»In meinem Schoß ist für viele Platz.
Ich trage und nähre sie alle gern.
Diesem besonderen Kind
will ich eine Höhle schenken.
Dort soll es geboren werden,
geschützt vor Kälte und Wind.«

Die Wüste, eine Tochter von Mutter Erde, nahm Wind und Sand
und scheuerte in jahrtausendelanger Mühe
eine Mulde in einen Stein.
»Ist das nicht ein schöner Futtertrog, eine willkommene Krippe?
Und tief genug für eine Lage Stroh, ein Kind kann drin schlafen!
Das ist meine Gabe für den Neugeborenen.
Ich will ihm sein Leben lang eine Freundin sein.
In meiner großen Stille wird er gut nachdenken
und beten können.«

»Stroh, ich höre Stroh«, rauschte das Kornfeld,
auch ein Kind von Mutter Erde.
»Dann will ich mich an die Arbeit machen.
Eine Lage Stroh halte ich zurück,
wenn ich den Menschen mein Korn für den Hunger
und genügend Halme für ihre Betten gegeben habe.
Ein Glück, daß dieses Kind so bescheiden sein wird.
Es wird die geringe Gabe nicht verschmähen.«

»Auch wir wollen dem Kind etwas schenken,
etwas Vernünftiges!« riefen die Wolken.
Sie waren luftige Töchter der Erde
und hatten stets einen guten Überblick.
»Wir sorgen für Wasser!
Das soll in einer tiefen Zisterne
auf den heiligen Augenblick warten.
Dann wird es das Neugeborene säubern.«
Die Wolken regneten den Regen herab,
jeder Tropfen funkelte vor Freude.

Die Menschen fingen zu ahnen an,
was Gott ihnen schenken wollte.
Sie träumten und dichteten davon.
»Ein Kind, das uns alle heil und gesund machen wird!
Ein Kind, das uns mit Gott und der Welt
und miteinander versöhnt!
Was können wir ihm geben?«
»Eine Mutter, die JA sagt zu ihrem Kind«,
antwortete die göttliche Geisteskraft,
die schon zu Anbeginn der Schöpfung über dem großen Durcheinander
geschwebt war wie eine Vogelfrau über dem Nest ihrer Jungen.
»Eine von uns«, träumten die Menschen,
»eine starke, treue und liebevolle Frau,
Gott wird sie aus unserer Mitte wählen.«
Der Engel Gabriel besuchte das Mädchen Maria in Nazaret.
Er überbrachte ihr die göttliche Einladung,
Mutter des Kindes zu werden.
Maria dachte nach und sagte: »Ja.«
»Nenn ihn Jesus«, bat der Engel.
Jesus bedeutet: Gott rettet.

»Lieber Engel«, rief die Erde.
»Das Kind braucht auch einen Vater.«
»Genügt Gottes Geisteskraft nicht?« fragte der Engel.
Die Erde horchte in sich hinein, bebte ein wenig und sprach:
»Doch, doch, lieber Engel, aber die Menschen freuen sich über sichtbare Zeichen. Ein Kind ist froh über einen Vater. Es mag seine tiefe Stimme, es fühlt seine schützende Liebe.«
Der Engel spürte, wie Gottes Geisteskraft ihm mächtige Flügel verlieh.
Schneller als ein Gedanke flog er zu Josef, dem Zimmermann, und traf ihn - mitten im Traum.
Josef erwachte und sagte:
»Maria braucht mich. Ich lasse sie nicht im Stich.«

Maria und Josef mußten sich in die Steuerlisten eintragen lassen.
Sie wanderten also nach Betlehem, Josefs Heimat,
als das Kind auf die Welt kommen wollte.
Da hielt die ganze Schöpfung den Atem an,
Wind und Wasser, Feuer und Erdenkrümel,
Steine und Moos, Muscheln und Sand.
Ein großes Warten erfüllte alle Geschöpfe.
Es warteten die Bäume und die Vögel,
die Wellen und die Fische,
die Blumen und die Schmetterlinge.
So allumfassend war die Erwartung,
daß der Löwe das Lamm
still neben sich ruhen ließ.

In der kleinen Stadt Betlehem
war in der Herberge kein Platz mehr frei.
Aber Maria und Josef fanden die Höhle,
sie wurde als Stall benutzt,
Esel und Ochs standen an der Krippe
und schnaubten.
Ihr Atem wärmte das neugeborene Kind.
Das war ein gutes Geschenk!

Nicht alle Menschen hatten das Lied der Engel gehört.
Aber die Hirten auf dem nächtlichen Feld verstanden es gut.
»Der Retter ist auf die Welt gekommen«, sagten die Engel.
»Geht hinüber nach Betlehem und findet das Zeichen:
das neugeborene Kind in der Futterkrippe.«
Da ließen die Hirten die Herde im Schutz des Dornenzaunes
und machten sich auf den Weg.

Sie fanden die Höhle am Rand der Stadt.
Maria und Josef, Esel und Ochs
und das Kind in der Krippe.
Die Hirten staunten.
Sie standen vor Staunen still.
Arm wie sie waren, hatten sie nichts zum Schenken,
und im Reden waren sie nicht geübt.
Aber ihr Staunen
war eine köstliche Gabe.

Die Weisen im Morgenland hatten den Stern gesehen.
Sie ließen sich führen von ihm.
Zu ihrer Überraschung fanden sie das göttliche Kind
nicht im goldenen Schloß des Königs,
sondern bei den Ärmsten im Land.
Sie schenkten dem Kind Gold, Weihrauch und Myrrhe.
Sie schenkten dem Kind ihren langen Weg
und die Sehnsucht aus ihren Herzen.

Nun waren die Weihnachtsgaben alle beisammen:
der himmlische Stern, das Loblied der Engel,
die Höhle der Erde, die Krippe der Wüste,
die Schätze der Weisen, das Staunen der Hirten,
Wasser und Stroh, das Schnauben der Tiere –
und die Gaben der Menschen: Mutter und Vater.

*Und meine und deine Weihnachtsgabe?
Womit überraschen wir das Kind in der Krippe?
Es freut sich über jede Freude der Erdengeschwister.
Also, fangen wir an, einander Freude zu machen,
ich dir und du mir, und wir beide gemeinsam
den anderen Menschen.*